Was ist Sudoku?

Sudoku ist ein einfaches, aber superspannendes Zahlenrätsel. Sudoku ist japanisch und heißt „Zahl, die alleine steht". Viele Menschen in der Welt lieben dieses Rätsel und raten es Tag für Tag in Bussen, Bahnen, auf Schulhöfen oder zu Hause.

Wie geht Sudoku?

Ziel des Spieles ist es, das Quadrat vollständig mit den Zahlen von 1 bis 9 auszufüllen.

Dabei dürfen die Zahlen 1 bis 9

▶ in jeder Zeile

▶ in jeder Spalte

▶ in jedem kleinen Quadrat

D1724055

nur ein einziges Mal vorkommen.

	kleines Quadrat			Spalte				
	Zeile							

Einleitung

1

Tricks und Tipps für pfiffige Köpfe

Das Buch enthält Sudokus in vier Schwierigkeits-
stufen. An den ersten Rätseln kannst du üben.
Bei ihnen musst du nur noch ganz wenige Zahlen hinzu-
fügen. Danach wird es immer schwieriger! Hinten finden
sich dann die Rätsel für echte Rätselprofis.

Um herauszufinden, welche Zahlen von 1 bis 9 noch fehlen,
überprüfst du systematisch die einzelnen Zeilen, Spalten und
kleinen Quadrate.

Beginne mit Zeilen, Spalten oder kleinen Quadraten, in denen schon viele
Kästchen mit Zahlen ausgefüllt sind.

3	8	7	6	5	9	1	2	4
9	1	5	3	4	2	6	8	7
2	6	4	7	8	1	3	5	9
4	2	1	5	6	3	9	7	8
6	3	8	9	2	7	4	1	5
7	5	9	8	1	4	2	6	3
1	9	6	4	7	5	8	3	2
8	7	3	2	9	6	5	4	1
5	4	2	1	3	8	7	9	6

Welche Zahl fehlt in der Zeile
noch?

Welche Zahl wird durch die
kreuzende Spalte oder das
kleine Quadrat blockiert?

In unserem Beispielrätsel (hier
links) bleibt nur die 5 als Lösung
für das graue Kästchen übrig.
Sie kommt sonst weder in der
Spalte, noch in der Zeile oder
dem kleinen Quadrat vor.

 Bei den schwierigeren Rätseln sind manchmal mehrere Zahlen für ein
Kästchen möglich. Am besten, du schreibst sie dir in oder neben das
Kästchen. Nach und nach lassen sich die falschen Zahlen ausschließen.

Und noch ein kleiner Tipp zum Schluss: Wenn du einen Bleistift benutzt,
kannst du falsche Zahlen einfach wieder ausradieren.

Los geht's! Du wirst sehen, Sudokus machen großen Spaß!

7	2	8	5	4	1	6	3	9
5	1	6	9	3	7	8	4	2
3	9	4	2	6	8	1	7	5
8	7	2	6	9	5	4	1	3
9	4	5	7	1	3	2	6	8
1	6	3	4	8	2	9	5	7
4	5	9	8	7	6	3	2	1
6	3	7	1	2	9	5	8	4
2	8	1	3	5	4	7	9	6

leicht

3

5	1	7	6	4	2	9	8	3
2	8	4	3	1	9	6	5	7
6	9	3	7	8	5	2	1	4
9	6	8	5	2	3	7	4	1
4	3	1	9	7	8	5	6	2
7	2	5	4	6	1	8	3	9
1	4	9	8	5	7	3	2	6
3	5	2	1	9	6	4	7	8
8	7	6	2	3	4	1	9	5

leicht

9	1	6	3	2	8	5	4	7
8	5	3	1	4	7	9	2	6
7	2	4	6	9	5	1	3	8
1	9	8	4	6	2	7	5	3
4	6	5	9	7	3	8	1	2
2	3	7	8	5	1	6	9	4
6	4	1	2	8	9	3	7	5
3	7	2	5	1	6	4	8	9
5	8	9	7	3	4	2	6	1

leicht

5

9	7	8	5	2	3	1	6	4
1	6	2	9	8	4	3	5	7
5	3	4	1	7	6	2	8	9
7	9	3	6	4	1	5	2	8
4	5	1	2	9	8	6	7	3
8	2	6	7	3	5	4	9	1
6	1	9	4	5	7	8	3	2
3	4	7	8	6	2	9	1	5
2	8	5	3	1	9	7	4	6

leicht

Drachennotiz:＿＿＿＿＿＿＿＿＿＿＿＿＿＿＿

＿＿＿＿＿＿＿＿＿＿＿＿＿＿＿＿＿＿＿＿＿＿＿＿

＿＿＿＿＿＿＿＿＿＿＿＿＿＿＿＿＿＿＿＿＿＿＿＿

＿＿＿＿＿＿＿＿＿＿＿＿＿＿＿＿＿＿＿＿＿＿＿＿

8	3	1	2	9	6	4	5	7
9	7	4	1	5	8	2	6	3
6	5	2	4	3	7	1	9	8
4	9	8	5	6	2	7	3	1
1	2	7	9	8	3	6	4	5
3	6	5	7	1	4	8	2	9
2	8	3	6	7	9	5	1	4
7	1	6	3	4	5	9	8	2
5	4	9	8	2	1	3	7	6

mittel

7

1	8	9	3	7	5	4	6	2
4	2	3	9	6	1	7	5	8
7	5	6	4	8	2	9	3	1
9	3	4	1	5	6	2	8	7
5	7	8	2	3	4	6	1	9
6	1	2	7	9	8	5	4	3
3	6	1	5	2	9	8	7	4
2	4	5	8	1	7	3	9	6
8	9	7	6	4	3	1	2	5

mittel

8		6	9		3	7	4	
9	7	4	2	8	5	1		6
	1		6		4	8	9	
1	6	3	4	2	8	9	5	7
	5		1	3	9		6	
4	8	9	5	6	7	3	2	1
	4	1	7		6		8	
5		7	8	4	2	6	1	9
	9	8	3		1	2		4

7			4		8		6	
8	1	4	7	6	5	9	2	3
6	3	5	2		9	4	8	7
4	9	8		5	3	2	7	1
		3	8		7	5		
7	5	6	1	2		3	9	8
3	6	2	9		1	8	5	4
5	4	7	3	8	2	6	1	9
	8		5		6		3	

mittel

6	9	7		4	8	3		
4	7	3	5	8	2	1	9	6
1	8		9	6	3		4	5
9		5	2		6		8	
7	2	6	8	3	1	9	5	4
	1		4		9	2		7
2	9		6	4	8		7	3
8	5	4	3	2	7	6	1	9
	3	7	1		5	4	2	

mittel

7		1	3		6	4	9	
3	9	6	5	4	8	1		2
2		4	7	1	9	5	6	3
4	6	8		5		2	3	7
		5	8	3	7	9		
9	3	7		6		8	1	5
5	7	9	6	8	4	3		1
6		3	2	9	5	7	8	4
	4	2	1		3	6		9

mittel

6	4	5	7		8	2	3	
2		1	3		6	7		5
8	3		2	1	5		9	4
7	6	9	8	3	4	1	5	2
		2	5		9	4		
5	8	4	1	2	7	3	6	9
1	7		9	5	2		4	3
4		3	6		1	9		7
	2	8	4		3	5	1	6

8		9	4	7	1	2	6	3
7	2	4	8	6	3		1	
6		3	2	5	9	8	7	4
9	8	1		4		3	2	6
		2	1		6	4		
5	4	6		9		7	8	1
2	6	5	9	3	8	1		7
	9		5		4	6	3	8
4	3	8	6	1	7	5		2

mittel

	1	4	3		9	2	5	
5		9	2		7	1		4
2	3	6	4	1	5		7	9
4	2	5	7	9	8	3	6	1
	6		1		3		4	
3	7	1	6	2	4	5	9	8
1	4		9	7	2	6	8	5
8		2	5		6	4		7
	5	7	8		1	9	2	

mittel

8		4		7		6	1	
9	3	5	1	4	6	2		7
	7		5		2	9	4	
3	6	8	4	2	5	1	7	9
2	4	9	7		1	5	6	8
5	1	7	8	6	9	3	2	4
	8	1	3		7	4		2
4		3	2	1	8	7	9	6
	9	2		5			3	

mittel

Drachennotiz:

	1	7	2		8	6	4	
5		2	6	1	4	8		3
4	8		3		7		9	1
6	4	1	7	8	5	3	2	9
2		5	1	6	9	4		7
9	7	8	4	3	2	1	5	6
7	5		8		6		1	2
1		4	9	7	3	5		8
	6	9	5		1	7	3	

mittel

	1	5	3		2	8	7	
8		9	6		1	4		5
3	4	7	5	8	9	2	1	6
4	3	2		9		7	6	1
5		1	4		7	9		3
9	7	6		2		5	4	8
7	6	3	9	5	4	1	8	2
2		8	7		6	3		4
	5	4	2		8	6	9	

mittel

1	3		2	6	4	5	7	
5		6	7		9	1		4
4	9		5	8	1	6	2	
8	1	5		4	6	2	3	7
3		9	1		7	8		6
7	6	2	3	5		4	9	1
	8	4	6	7	5		1	2
6		3	8		2	9		5
	5	1	4	9	3		6	8

mittel

	3	2	9	5	4	6	7	
9		5	7		8	1	3	2
7	6			2		4	9	5
5		3	4	9	2	7		1
6	1	4	8	7	3	5	2	9
2		7	5	1	6	8		3
3	7	1		4			8	6
8	5	9	6		7	2		4
	2	6	1	8	9	3	5	

mittel

6	9		3		2	1	5	
8		2	6	5	1	9		3
5	1		9		8	4	2	6
2	3	9	7	6	4	5	8	1
	5		1		3		6	
1	7	6	8	9	5	3	4	2
7	8	1	5		6		9	4
9		4	2	1	7	8		5
	2	5	4		9		1	7

3	8	7	1	4	6	9	5	
9		1	7		5	3		4
5	4	6	9		2	7	1	8
8	7	4		1	3	5	9	6
6			8		9			1
1	3	9	5	6		2	8	7
4	1	8	3		7	6	2	9
2		5	4		1	8		3
	9	3	6	2	8	1	4	5

mittel

Drachennotiz:_____

	4	7	2	5	1	3	9	
6		3	9	8	4	7		2
9	2		6	7	3		8	5
4	9	6		2	7	8	5	1
3			1		8			4
1	8	2	5	4		9	7	3
7	3		4	1	5		6	8
2		4	8	6	9	5		7
	6	8	7	3	2	1	4	

mittel

	8		2		3	7	5	
9	3	2	4		5	8		6
7		4	8	6	1		9	2
8	4	3	6	5	7	1	2	9
6		9	3		2	4		5
2	1	5	9	4	8	6	3	7
5	9		1	3	6	2		8
4		1	7		9	5	6	3
	6	8	5		4		7	

mittel

2		8	9		4	5		3
1	7	9	8	5	3	2	4	6
3		5	7	6	2	8		9
7	9	1		4		6	2	5
	5		1		9		3	
4	8	3		2		1	9	7
8		4	6	9	1	7		2
9	2	7	4	8	5	3	6	1
5		6	2		7	9		4

	8	2	7		5	9	1	
9		5	8			4	7		2
3	7	4		2		8	5	6
8	5	9	4	1	7	6	2	3
2		1	5		6	4		9
7	4	6	2	9	3	5	8	1
1	9	8		7		3	4	5
4		3	1		8	2		7
	2	7	3		9	1	6	

26

mittel

6		8	9		4	1		2
	3		2	1	7	5		6
7		2	5		8	3	4	9
1	9	3	8	5	2	7	6	4
8		6	4		3	9		5
5	4	7	1	9	6	8	2	3
9	6	1	7		5	2		8
2		4	3	8	9		5	
3		5	6		1	4		7

mittel

	7	2	4		8	1	6	3
5		6	9		3	8		2
3	8	4	2	1	6		5	7
4		5		3	7	2		6
7	3	8	6		1	5	9	4
2		1	5	4		3		8
8	5		3	6	4	7	2	1
1		3	7		2	6		5
6	2	7	1		5	4	3	

mittel

Drachennotiz:_____

	9	7	5		8	2	4	
1		2	7	4	3	6		9
3	4		2		6	5	7	1
4	7	9	8	6	2	1	3	5
		6	4		5	7		
5	2	3	9	7	1	4	6	8
2	3	5	6		7		1	4
7		4	1	5	9	3		6
	6	1	3		4	8	5	

	7	8	4	9	1	6	5	
4	5		8		3	7		1
	9	1	2	7	5		4	8
8	2	4		1	7	5	3	6
7		9	5		6	8		4
1	6	5	3	4		2	7	9
9	8		6	5	4	1	2	
5		7	1		2		6	3
	1	6	7	3	9	4	8	

mittel

3		9	7	4	1	2	6	5
6	2	7	8	5	9	3		1
	1		6	2	3		7	9
8		1	5		6	9		4
5	3		1	9	4		8	7
9		6	2		7	5		3
7	5		9	1	2		3	
1		4	3	6	8	7	5	2
2	6	3	4	7	5	1		8

	1	6	4	8	5		2	9
9		4	3		2	8		6
5	2		6	7	9	1	3	
7	8	2		3		9	6	1
4		5	9	6	1	2		7
1	6	9		2		5	4	3
	9	1	2	5	3		7	8
8		3	1		7	6		2
2	4		8	9	6	3	1	

mittel

6	7		3		2	4	
4		5	8		7	1		3
2	3	1	4	6	9	5	8	7
6	2	9		1		4	3	5
1	8	4	6	5	3	9	7	2
7	5	3		9		6	1	8
5	4	8	1	7	2	3	9	6
9		2	3		6	7		4
	7	6		4		8	2	

mittel

5		6	9		1	2		7
9	1	8	4	2		3	5	6
2		7	6	3	5	1		8
8	6	9	3	4		7	1	5
7		3	1		8	6		4
4	2	1		7	6	8	3	9
3		4	2	6	9	5		1
1	8	2		5	4	9	6	3
6		5	8		3	4		2

mittel

		2				8	4	
4	8		7	5				3
1		6	9			5		7
				6		3	5	4
	5		3	9	8		1	
3	2	7		4				
7		5			6	1		3
	9			7	5		8	6
	6	1				2		

schwer

		2		3		5	6	
1	8		6		4		7	
5			9		2			4
		7	5		8	6	9	
3								2
	6	9	2		3	1		
8			3		5			7
	9		4		1		3	6
	3	1		8		4		

schwer

4		3	7			2		
	8		4	5	6			7
					9	8		6
8		6	2			5		
7		5	6		8	9		2
		1			5	4		8
2		9	5					
5			1	3	4		2	
		4			2	7		3

	5	1	2	8		7	6	
2			3					1
6		7			4	3		2
		8		3			1	
4			9		8			3
	3			6		2		
1		4	6			5		7
5					1			9
	9	3		4	5	1	2	

schwer

9	1		7		3			4
7			5	2			1	
		4		9		8	3	
		2	1				4	3
		1	2		6	5		
4	6				9	7		
	3	8		1		4		
	5			6	7			2
2			3		8		6	9

schwer

Drachennotiz: _____

	3		5	8			9	
1		5	9			2		4
	2				1		5	
		1		5			7	3
3	5		2		9		1	8
6	4			7		9		
	6		3				4	
9		4			7	5		1
	1			9	4		6	

schwer

1				7	3			
6	7		3				2	5
2		8	6		5	4		
		2		4	1		8	
7	9						3	4
	8		7	5		9		
		3	5		6	7		1
5	4				2		9	6
		9	8				5	

schwer

41

	9		8		5	1		4
8		4	2					3
5		2		9				7
7				8	3		6	
	6	1				3	7	
	3		6	4				2
2				6		8		1
6					1	7		5
1		7	5		8		9	

schwer

6			4		9	2	8	7
9		7		2				
4			5		1		6	
		9	8		4	3		6
	7						5	
1		8	3		7	4		
	9		2		6			1
				9		8		5
7	4	3	1		5			2

schwer

43

4			7	1	5		6	9
5		1	8			7		
	8		2				1	
2				9		5	7	4
			3		4			
6	4	5		2				8
	7				1		5	
		8			3	1		7
1	5		4	7	2			3

schwer

4			5				2	3
8	6		7			9	5	
	5		9	4	8			
		5	8			4	3	1
		9		2		6		
3	8	4			1	7		
			4	6	5		1	
	4	2			7		6	8
7	1				3			9

schwer

	3	7			5		1	
			7	2	8			4
2	4						6	5
		4		3	9			8
	9	5	2		1	4	7	
8			4	6		9		
5	1						3	9
6			3	1	2			
	7		9			2	8	

schwer

	3	7	2				1	9
8				4		6	2	
			5		1			7
7		3		8			5	6
	9		3		6		4	
6	2			5		3		1
5			6		7			
	1	4		9				2
2	7				3	8	9	

schwer

4		5	3					9
3	6			2	1		5	
		9				6		7
2		8		3	7			6
	5		8		2		1	
6			4	9		8		2
9		2				3		
	1		7	8			6	4
8					3	7		5

schwer

3				5		4	8	
5	2		1			3		
7		1	9				2	6
8	3	9			6			
	1		5		3		6	
			7			8	1	3
1	6				5	2		7
		3			2		9	8
	7	2		4				5

schwer

1			3			5		7
	5	6				9	8		4
	7			1	5			2
6		9		5	2		4	
		7				3		
	4		6	3		9		8
4			1	8			7	
3		5	7				6	9
7		2			6			3

50

schwer

	3	8	6			5		4
	6				5		9	2
5			4	3				7
	2			8		4		9
		1	7		6	2		
9		3		5			8	
1				2	7			5
3	9		5				2	
7		2			8	6	3	

schwer

4			3		5			7
	8	5			9	6	2	
	2		6	7			1	
6	4		1			7		9
		2				8		
5		9			6		3	2
	1			8	4		6	
	9	6	2			4	7	
3			7		1			8

schwer

Drachennotiz:_____

	3		6			7		8
6	4		2	1				5
	1		8				2	4
8		9		6		5		
	6		9		2		3	
		3		7		1		9
5	2				6		8	
4				2	3		7	1
3		7			4		5	

schwer

4		6						8
	5		2	3				1
	2	3	6		4			9
1	9	4					7	6
			5		7			
6	7					3	8	2
7			8		9	4	2	
3				2	6		1	
5						9		7

schwer

	6	5	7			9		
		9		6	1		2	3
7					3		5	8
	2	4		3				6
	7		8	5	4		3	
9				7		1	4	
4	8		6					2
2	9		4	8		5		
		1			2	4	8	

schwer

55

Drachennotiz: _____

8				1				4
5				4				3
	6		3		8		5	
	2		7		9		1	
	9	6	4		1	2	3	
	1		5		2		7	
	4		6		3		8	
1				9				2
6				5				7

sehr schwer

Drachennotiz: _____

_____

_____

_____

	2	6	8	5			7	
3			2					5
5						1		6
7	1				5	6		
		2				7		
		4	6				5	1
1		7						8
4					9			2
	6			8	3	9	1	

Drachennotiz: _____

		7	5		8	9		
		9				2		
2			6	9	3			4
	9		3	6	1		7	
	8						4	
	7		8	5	4		1	
7			4	3	6			8
		6				1		
		8	7		9	4		

58

sehr schwer

2	7		3	1			4	
			9		7	1		6
1	6							
6		7			5	9		
4								3
		5	1			7		8
							3	9
8		2	5		4			
	1			6	3		8	2

sehr schwer

4		8	7		6	3		5
		2		9		6		
1								9
		9	6	2	4	7		
	3						6	
		6	8	5	3	4		
7								4
		3		8		1		
6		1	9		5	2		3

sehr schwer

	8	5				2	9	
6			8		2			5
4								8
		3	1	8	5	9		
	5		6		7		3	
		7	4	2	3	1		
7								9
5			2		9			4
	2	1				6	8	

sehr schwer

Seite 3

7	2	8	5	4	1	6	3	9
5	1	6	9	3	7	8	4	2
3	9	4	2	6	8	1	7	5
8	7	2	6	9	5	4	1	3
9	4	5	7	1	3	2	6	8
1	6	3	4	8	2	9	5	7
4	5	9	8	7	6	3	2	1
6	3	7	1	2	9	5	8	4
2	8	1	3	5	4	7	9	6

Seite 4

5	1	7	6	4	2	9	8	3
2	8	4	3	1	9	6	5	7
6	9	3	7	8	5	2	1	4
9	6	8	5	2	3	7	4	1
4	3	1	9	7	8	5	6	2
7	2	5	4	6	1	8	3	9
1	4	9	8	5	7	3	2	6
3	5	2	1	9	6	4	7	8
8	7	6	2	3	4	1	9	5

Seite 5

9	1	6	3	2	8	5	4	7
8	5	3	1	4	7	9	2	6
7	2	4	6	9	5	1	3	8
1	9	8	4	6	2	7	5	3
4	6	5	9	7	3	8	1	2
2	3	7	8	5	1	6	9	4
6	4	1	2	8	9	3	7	5
3	7	2	5	1	6	4	8	9
5	8	9	7	3	4	2	6	1

Seite 6

9	7	8	5	2	3	1	6	4
1	6	2	9	8	4	3	5	7
5	3	4	1	7	6	2	8	9
7	9	3	6	4	1	5	2	8
4	5	1	2	9	8	6	7	3
8	2	6	7	3	5	4	9	1
6	1	9	4	5	7	8	3	2
3	4	7	8	6	2	9	1	5
2	8	5	3	1	9	7	4	6

Seite 7

8	3	1	2	9	6	4	5	7
9	7	4	1	5	8	2	6	3
6	5	2	4	3	7	1	9	8
4	9	8	5	6	2	7	3	1
1	2	7	9	8	3	6	4	5
3	6	5	7	1	4	8	2	9
2	8	3	6	7	9	5	1	4
7	1	6	3	4	5	9	8	2
5	4	9	8	2	1	3	7	6

Seite 8

1	8	9	3	7	5	4	6	2
4	2	3	9	6	1	7	5	8
7	5	6	4	8	2	9	3	1
9	3	4	1	5	6	2	8	7
5	7	8	2	3	4	6	1	9
6	1	2	7	9	8	5	4	3
3	6	1	5	2	9	8	7	4
2	4	5	8	1	7	3	9	6
8	9	7	6	4	3	1	2	5

Seite 9

8	2	6	9	1	3	7	4	5
9	7	4	2	8	5	1	3	6
3	1	5	6	7	4	8	9	2
1	6	3	4	2	8	9	5	7
7	5	2	1	3	9	4	6	8
4	8	9	5	6	7	3	2	1
2	4	1	7	9	6	5	8	3
5	3	7	8	4	2	6	1	9
6	9	8	3	5	1	2	7	4

Seite 10

2	7	9	4	3	8	1	6	5
8	1	4	7	6	5	9	2	3
6	3	5	2	1	9	4	8	7
4	9	8	6	5	3	2	7	1
1	2	3	8	9	7	5	4	6
7	5	6	1	2	4	3	9	8
3	6	2	9	7	1	8	5	4
5	4	7	3	8	2	6	1	9
9	8	1	5	4	6	7	3	2

Seite 11

5	6	9	7	1	4	8	3	2
4	7	3	5	8	2	1	9	6
1	8	2	9	6	3	7	4	5
9	4	5	2	7	6	3	8	1
7	2	6	8	3	1	9	5	4
3	1	8	4	5	9	2	6	7
2	9	1	6	4	8	5	7	3
8	5	4	3	2	7	6	1	9
6	3	7	1	9	5	4	2	8

Seite 12

7	5	1	3	2	6	4	9	8
3	9	6	5	4	8	1	7	2
2	8	4	7	1	9	5	6	3
4	6	8	9	5	1	2	3	7
1	2	5	8	3	7	9	4	6
9	3	7	4	6	2	8	1	5
5	7	9	6	8	4	3	2	1
6	1	3	2	9	5	7	8	4
8	4	2	1	7	3	6	5	9

Seite 13

6	4	5	7	9	8	2	3	1
2	9	1	3	4	6	7	8	5
8	3	7	2	1	5	6	9	4
7	6	9	8	3	4	1	5	2
3	1	2	5	6	9	4	7	8
5	8	4	1	2	7	3	6	9
1	7	6	9	5	2	8	4	3
4	5	3	6	8	1	9	2	7
9	2	8	4	7	3	5	1	6

Seite 14

8	5	9	4	7	1	2	6	3
7	2	4	8	6	3	9	1	5
6	1	3	2	5	9	8	7	4
9	8	1	7	4	5	3	2	6
3	7	2	1	8	6	4	5	9
5	4	6	3	9	2	7	8	1
2	6	5	9	3	8	1	4	7
1	9	7	5	2	4	6	3	8
4	3	8	6	1	7	5	9	2

Seite 15

7	1	4	3	8	9	2	5	6
5	8	9	2	6	7	1	3	4
2	3	6	4	1	5	8	7	9
4	2	5	7	9	8	3	6	1
9	6	8	1	5	3	7	4	2
3	7	1	6	2	4	5	9	8
1	4	3	9	7	2	6	8	5
8	9	2	5	3	6	4	1	7
6	5	7	8	4	1	9	2	3

Seite 16

8	2	4	9	7	3	6	1	5
9	3	5	1	4	6	2	8	7
1	7	6	5	8	2	9	4	3
3	6	8	4	2	5	1	7	9
2	4	9	7	3	1	5	6	8
5	1	7	8	6	9	3	2	4
6	8	1	3	9	7	4	5	2
4	5	3	2	1	8	7	9	6
7	9	2	6	5	4	8	3	1

Seite 17

3	1	7	2	9	8	6	4	5
5	9	2	6	1	4	8	7	3
4	8	6	3	5	7	2	9	1
6	4	1	7	8	5	3	2	9
2	3	5	1	6	9	4	8	7
9	7	8	4	3	2	1	5	6
7	5	3	8	4	6	9	1	2
1	2	4	9	7	3	5	6	8
8	6	9	5	2	1	7	3	4

Seite 18

6	1	5	3	4	2	8	7	9
8	2	9	6	7	1	4	3	5
3	4	7	5	8	9	2	1	6
4	3	2	8	9	5	7	6	1
5	8	1	4	6	7	9	2	3
9	7	6	1	2	3	5	4	8
7	6	3	9	5	4	1	8	2
2	9	8	7	1	6	3	5	4
1	5	4	2	3	8	6	9	7

Seite 19

1	3	8	2	6	4	5	7	9
5	2	6	7	3	9	1	8	4
4	9	7	5	8	1	6	2	3
8	1	5	9	4	6	2	3	7
3	4	9	1	2	7	8	5	6
7	6	2	3	5	8	4	9	1
9	8	4	6	7	5	3	1	2
6	7	3	8	1	2	9	4	5
2	5	1	4	9	3	7	6	8

Seite 20

1	3	2	9	5	4	6	7	8
9	4	5	7	6	8	1	3	2
7	6	8	3	2	1	4	9	5
5	8	3	4	9	2	7	6	1
6	1	4	8	7	3	5	2	9
2	9	7	5	1	6	8	4	3
3	7	1	2	4	5	9	8	6
8	5	9	6	3	7	2	1	4
4	2	6	1	8	9	3	5	7

Seite 21

6	9	7	3	4	2	1	5	8
8	4	2	6	5	1	9	7	3
5	1	3	9	7	8	4	2	6
2	3	9	7	6	4	5	8	1
4	5	8	1	2	3	7	6	9
1	7	6	8	9	5	3	4	2
7	8	1	5	3	6	2	9	4
9	6	4	2	1	7	8	3	5
3	2	5	4	8	9	6	1	7

Seite 22

3	8	7	1	4	6	9	5	2
9	2	1	7	8	5	3	6	4
5	4	6	9	3	2	7	1	8
8	7	4	2	1	3	5	9	6
6	5	2	8	7	9	4	3	1
1	3	9	5	6	4	2	8	7
4	1	8	3	5	7	6	2	9
2	6	5	4	9	1	8	7	3
7	9	3	6	2	8	1	4	5

Lösungen

Seite 23

```
8 4 7 2 5 1 3 9 6
6 5 3 9 8 4 7 1 2
9 2 1 6 7 3 4 8 5
4 9 6 3 2 7 8 5 1
3 7 5 1 9 8 6 2 4
1 8 2 5 4 6 9 7 3
7 3 9 4 1 5 2 6 8
2 1 4 8 6 9 5 3 7
5 6 8 7 3 2 1 4 9
```

Seite 24

```
1 8 6 2 9 3 7 5 4
9 3 2 4 7 5 8 1 6
7 5 4 8 6 1 3 9 2
8 4 3 6 5 7 1 2 9
6 7 9 3 1 2 4 8 5
2 1 5 9 4 8 6 3 7
5 9 7 1 3 6 2 4 8
4 2 1 7 8 9 5 6 3
3 6 8 5 2 4 9 7 1
```

Seite 25

```
2 6 8 9 1 4 5 7 3
1 7 9 8 5 3 2 4 6
3 4 5 7 6 2 8 1 9
7 9 1 3 4 8 6 2 5
6 5 2 1 7 9 4 3 8
4 8 3 5 2 6 1 9 7
8 3 4 6 9 1 7 5 2
9 2 7 4 8 5 3 6 1
5 1 6 2 3 7 9 8 4
```

Seite 26

```
6 8 2 7 3 5 9 1 4
9 1 5 8 6 4 7 3 2
3 7 4 9 2 1 8 5 6
8 5 9 4 1 7 6 2 3
2 3 1 5 8 6 4 7 9
7 4 6 2 9 3 5 8 1
1 9 8 6 7 2 3 4 5
4 6 3 1 5 8 2 9 7
5 2 7 3 4 9 1 6 8
```

Seite 27

```
6 5 8 9 3 4 1 7 2
4 3 9 2 1 7 5 8 6
7 1 2 5 6 8 3 4 9
1 9 3 8 5 2 7 6 4
8 2 6 4 7 3 9 1 5
5 4 7 1 9 6 8 2 3
9 6 1 7 4 5 2 3 8
2 7 4 3 8 9 6 5 1
3 8 5 6 2 1 4 9 7
```

Seite 28

```
9 7 2 4 5 8 1 6 3
5 1 6 9 7 3 8 4 2
3 8 4 2 1 6 9 5 7
4 9 5 8 3 7 2 1 6
7 3 8 6 2 1 5 9 4
2 6 1 5 4 9 3 7 8
8 5 9 3 6 4 7 2 1
1 4 3 7 9 2 6 8 5
6 2 7 1 8 5 4 3 9
```

Seite 29

```
6 9 7 5 1 8 2 4 3
1 5 2 7 4 3 6 8 9
3 4 8 2 9 6 5 7 1
4 7 9 8 6 2 1 3 5
8 1 6 4 3 5 7 9 2
5 2 3 9 7 1 4 6 8
2 3 5 6 8 7 9 1 4
7 8 4 1 5 9 3 2 6
9 6 1 3 2 4 8 5 7
```

Seite 30

```
3 7 8 4 9 1 6 5 2
4 5 2 8 6 3 7 9 1
6 9 1 2 7 5 3 4 8
8 2 4 9 1 7 5 3 6
7 3 9 5 2 6 8 1 4
1 6 5 3 4 8 2 7 9
9 8 3 6 5 4 1 2 7
5 4 7 1 8 2 9 6 3
2 1 6 7 3 9 4 8 5
```

Seite 31

```
3 8 9 7 4 1 2 6 5
6 2 7 8 5 9 3 4 1
4 1 5 6 2 3 8 7 9
8 7 1 5 3 6 9 2 4
5 3 2 1 9 4 6 8 7
9 4 6 2 8 7 5 1 3
7 5 8 9 1 2 4 3 6
1 9 4 3 6 8 7 5 2
2 6 3 4 7 5 1 9 8
```

Seite 32

```
3 1 6 4 8 5 7 2 9
9 7 4 3 1 2 8 5 6
5 2 8 6 7 9 1 3 4
7 8 2 5 3 4 9 6 1
4 3 5 9 6 1 2 8 7
1 6 9 7 2 8 5 4 3
6 9 1 2 5 3 4 7 8
8 5 3 1 4 7 6 9 2
2 4 7 8 9 6 3 1 5
```

Seite 33

```
8 6 7 5 3 1 2 4 9
4 9 5 8 2 7 1 6 3
2 3 1 4 6 9 5 8 7
6 2 9 7 1 8 4 3 5
1 8 4 6 5 3 9 7 2
7 5 3 2 9 4 6 1 8
5 4 8 1 7 2 3 9 6
9 1 2 3 8 6 7 5 4
3 7 6 9 4 5 8 2 1
```

Seite 34

```
5 3 6 9 8 1 2 4 7
9 1 8 4 2 7 3 5 6
2 4 7 6 3 5 1 9 8
8 6 9 3 4 2 7 1 5
7 5 3 1 9 8 6 2 4
4 2 1 5 7 6 8 3 9
3 7 4 2 6 9 5 8 1
1 8 2 7 5 4 9 6 3
6 9 5 8 1 3 4 7 2
```

Seite 35

```
5 7 2 6 1 3 8 4 9
4 8 9 7 5 2 6 3 1
1 3 6 9 8 4 5 2 7
9 1 8 2 6 7 3 5 4
6 5 4 3 9 8 7 1 2
3 2 7 5 4 1 9 6 8
7 4 5 8 2 6 1 9 3
2 9 3 1 7 5 4 8 6
8 6 1 4 3 9 2 7 5
```

Seite 36

```
9 4 2 8 3 7 5 6 1
1 8 3 6 5 4 2 7 9
5 7 6 9 1 2 3 8 4
2 1 7 5 4 8 6 9 3
3 5 8 1 9 6 7 4 2
4 6 9 2 7 3 1 5 8
8 2 4 3 6 5 9 1 7
7 9 5 4 2 1 8 3 6
6 3 1 7 8 9 4 2 5
```

Seite 37

```
4 6 3 7 8 1 2 9 5
9 8 2 4 5 6 3 1 7
1 5 7 3 2 9 8 4 6
8 9 6 2 4 3 5 7 1
7 4 5 6 1 8 9 3 2
3 2 1 9 7 5 4 6 8
2 3 9 5 6 7 1 8 4
5 7 8 1 3 4 6 2 9
6 1 4 8 9 2 7 5 3
```

Seite 38

```
3 5 1 2 8 9 7 6 4
2 4 9 3 7 6 8 5 1
6 8 7 5 1 4 3 9 2
7 6 8 4 3 2 9 1 5
4 1 2 9 5 8 6 7 3
9 3 5 1 6 7 2 4 8
1 2 4 6 9 3 5 8 7
5 7 6 8 2 1 4 3 9
8 9 3 7 4 5 1 2 6
```

Seite 39

```
9 1 6 7 8 3 2 5 4
7 8 3 5 2 4 9 1 6
5 2 4 6 9 1 8 3 7
8 9 2 1 7 5 6 4 3
3 7 1 2 4 6 5 9 8
4 6 5 8 3 9 7 2 1
6 3 8 9 1 2 4 7 5
1 5 9 4 6 7 3 8 2
2 4 7 3 5 8 1 6 9
```

Seite 40

```
4 3 6 5 8 2 1 9 7
1 7 5 9 3 6 2 8 4
8 2 9 7 4 1 3 5 6
2 9 1 4 5 8 6 7 3
3 5 7 2 6 9 4 1 8
6 4 8 1 7 3 9 2 5
7 6 2 3 1 5 8 4 9
9 8 4 6 2 7 5 3 1
5 1 3 8 9 4 7 6 2
```

Seite 41

```
9 1 5 4 2 7 3 6 8
6 7 4 3 8 9 1 2 5
2 3 8 6 1 5 4 7 9
3 5 2 9 4 1 6 8 7
7 9 1 2 6 8 5 3 4
4 8 6 7 5 3 9 1 2
8 2 3 5 9 6 7 4 1
5 4 7 1 3 2 8 9 6
1 6 9 8 7 4 2 5 3
```

Seite 42

```
3 9 6 8 7 5 1 2 4
8 7 4 2 1 6 9 5 3
5 1 2 3 9 4 6 8 7
7 2 5 1 8 3 4 6 9
4 6 1 9 5 2 3 7 8
9 3 8 6 4 7 5 1 2
2 5 3 7 6 9 8 4 1
6 8 9 4 2 1 7 3 5
1 4 7 5 3 8 2 9 6
```

Lösungen

Seite 43

```
6 5 1 4 3 9 2 8 7
9 3 7 6 2 8 5 1 4
4 8 2 5 7 1 9 6 3
5 2 9 8 1 4 3 7 6
3 7 4 9 6 2 1 5 8
1 6 8 3 5 7 4 2 9
8 9 5 2 4 6 7 3 1
2 1 6 7 9 3 8 4 5
7 4 3 1 8 5 6 9 2
```

Seite 44

```
4 3 2 7 1 5 8 6 9
5 6 1 8 4 9 7 3 2
7 8 9 2 3 6 4 1 5
2 1 3 6 9 8 5 7 4
8 9 7 3 5 4 6 2 1
6 4 5 1 2 7 3 9 8
3 7 4 9 8 1 2 5 6
9 2 8 5 6 3 1 4 7
1 5 6 4 7 2 9 8 3
```

Seite 45

```
4 9 7 5 1 6 8 2 3
8 6 1 7 3 2 9 5 4
2 5 3 9 4 8 1 7 6
6 2 5 8 7 9 4 3 1
1 7 9 3 2 4 6 8 5
3 8 4 6 5 1 7 9 2
9 3 8 4 6 5 2 1 7
5 4 2 1 9 7 3 6 8
7 1 6 2 8 3 5 4 9
```

Seite 46

```
9 3 7 6 4 5 8 1 2
1 5 6 7 2 8 3 9 4
2 4 8 1 9 3 7 6 5
7 6 4 5 3 9 1 2 8
3 9 5 2 8 1 4 7 6
8 2 1 4 6 7 9 5 3
5 1 2 8 7 4 6 3 9
6 8 9 3 1 2 5 4 7
4 7 3 9 5 6 2 8 1
```

Seite 47

```
4 3 7 2 6 8 5 1 9
8 5 1 7 4 9 6 2 3
9 6 2 5 3 1 4 8 7
7 4 3 1 8 2 9 5 6
1 9 5 3 7 6 2 4 8
6 2 8 9 5 4 3 7 1
5 8 9 6 2 7 1 3 4
3 1 4 8 9 5 7 6 2
2 7 6 4 1 3 8 9 5
```

Seite 48

```
4 8 5 3 7 6 1 2 9
3 6 7 9 2 1 4 5 8
1 2 9 5 4 8 6 3 7
2 9 8 1 3 7 5 4 6
7 5 4 8 6 2 9 1 3
6 3 1 4 9 5 8 7 2
9 7 2 6 5 4 3 8 1
5 1 3 7 8 9 2 6 4
8 4 6 2 1 3 7 9 5
```

Seite 49

```
3 9 6 2 5 7 4 8 1
5 2 4 1 6 8 3 7 9
7 8 1 9 3 4 5 2 6
8 3 9 4 1 6 7 5 2
2 1 7 5 8 3 9 6 4
6 4 5 7 2 9 8 1 3
1 6 8 3 9 5 2 4 7
4 5 3 6 7 2 1 9 8
9 7 2 8 4 1 6 3 5
```

Seite 50

```
1 2 4 3 6 8 5 9 7
5 6 3 2 7 9 8 1 4
9 7 8 4 1 5 6 3 2
6 3 9 8 5 2 7 4 1
8 5 7 9 4 1 3 2 6
2 4 1 6 3 7 9 5 8
4 9 6 1 8 3 2 7 5
3 8 5 7 2 4 1 6 9
7 1 2 5 9 6 4 8 3
```

Seite 51

```
2 3 8 6 7 9 5 1 4
4 6 7 8 1 5 3 9 2
5 1 9 4 3 2 8 6 7
6 2 5 1 8 3 4 7 9
8 4 1 7 9 6 2 5 3
9 7 3 2 5 4 1 8 6
1 8 6 3 2 7 9 4 5
3 9 4 5 6 1 7 2 8
7 5 2 9 4 8 6 3 1
```

Seite 52

```
4 6 1 3 2 5 9 8 7
7 8 5 4 1 9 6 2 3
9 2 3 6 7 8 5 1 4
6 4 8 1 3 2 7 5 9
1 3 2 5 9 7 8 4 6
5 7 9 8 4 6 1 3 2
2 1 7 9 8 4 3 6 5
8 9 6 2 5 3 4 7 1
3 5 4 7 6 1 2 9 8
```

Seite 53

```
9 3 2 6 4 5 7 1 8
6 4 8 2 1 7 3 9 5
7 1 5 8 3 9 6 2 4
8 7 9 3 6 1 5 4 2
1 6 4 9 5 2 8 3 7
2 5 3 4 7 8 1 6 9
5 2 1 7 9 6 4 8 3
4 8 6 5 2 3 9 7 1
3 9 7 1 8 4 2 5 6
```

Seite 54

```
4 1 6 9 7 5 2 3 8
9 5 7 2 3 8 6 4 1
8 2 3 6 1 4 7 5 9
1 9 4 3 8 2 5 7 6
2 3 8 5 6 7 1 9 4
6 7 5 4 9 1 3 8 2
7 6 1 8 5 9 4 2 3
3 4 9 7 2 6 8 1 5
5 8 2 1 4 3 9 6 7
```

Seite 55

```
3 6 5 7 2 8 9 1 4
8 4 9 5 6 1 7 2 3
7 1 2 9 4 3 6 5 8
5 2 4 1 3 9 8 7 6
1 7 6 8 5 4 2 3 9
9 3 8 2 7 6 1 4 5
4 8 7 6 1 5 3 9 2
2 9 3 4 8 7 5 6 1
6 5 1 3 9 2 4 8 7
```

Seite 56

```
8 3 9 2 1 5 7 6 4
5 7 1 9 4 6 8 2 3
2 6 4 3 7 8 1 5 9
3 2 5 7 6 9 4 1 8
7 9 6 4 8 1 2 3 5
4 1 8 5 3 2 9 7 6
9 4 7 6 2 3 5 8 1
1 5 3 8 9 7 6 4 2
6 8 2 1 5 4 3 9 7
```

Seite 57

```
9 2 6 8 5 1 4 7 3
3 4 1 2 7 6 8 9 5
5 7 8 9 3 4 1 2 6
7 1 9 3 2 5 6 8 4
6 5 2 1 4 8 7 3 9
8 3 4 6 9 7 2 5 1
1 9 7 5 6 2 3 4 8
4 8 3 7 1 9 5 6 2
2 6 5 4 8 3 9 1 7
```

Seite 58

```
4 3 7 5 2 8 9 6 1
8 6 9 1 4 7 2 5 3
2 1 5 6 9 3 7 8 4
5 9 4 3 6 1 8 7 2
1 8 3 9 7 2 6 4 5
6 7 2 8 5 4 3 1 9
7 2 1 4 3 6 5 9 8
9 4 6 2 8 5 1 3 7
3 5 8 7 1 9 4 2 6
```

Seite 59

```
2 7 9 3 1 6 8 4 5
5 4 3 9 8 7 1 2 6
1 6 8 4 5 2 3 9 7
6 8 7 2 3 5 9 1 4
4 9 1 6 7 8 2 5 3
3 2 5 1 4 9 7 6 8
7 5 6 8 2 1 4 3 9
8 3 2 5 9 4 6 7 1
9 1 4 7 6 3 5 8 2
```

Seite 60

```
4 9 8 7 1 6 3 2 5
3 5 2 4 9 8 6 1 7
1 6 7 5 3 2 8 4 9
5 1 9 6 2 4 7 3 8
8 3 4 1 7 9 5 6 2
2 7 6 8 5 3 4 9 1
7 2 5 3 6 1 9 8 4
9 4 3 2 8 7 1 5 6
6 8 1 9 4 5 2 7 3
```

Seite 61

```
3 8 5 7 4 6 2 9 1
6 1 9 8 3 2 4 7 5
4 7 2 9 5 1 3 6 8
2 6 3 1 8 5 9 4 7
1 5 4 6 9 7 8 3 2
8 9 7 4 2 3 1 5 6
7 4 6 3 1 8 5 2 9
5 3 8 2 6 9 7 1 4
9 2 1 5 7 4 6 8 3
```

Lösungen